Martha Steinmeyer

Alles aus Filz

Kinderleichte Bastelideen

CREATIV COMPACT

CHRISTOPHORUS

Inhalt

Kunterbunter Filz

Wollig, weich und kunterbunt – Kinder lieben die Eigenschaften von Filz und Schafwolle. Für sie ist es ein schönes Gefühl, über die Oberfläche von Filz zu streichen oder die kuschelweiche Schafwolle an die Wange zu drücken. Der Umgang mit diesen textilen Materialien erfordert neue Fertigkeiten, die höhere Ansprüche an die feinmotorische Geschicklichkeit stellen. Die Kinder lernen, mit Nadel und Faden umzugehen, Fransen zu knoten oder Wolle aufzuwickeln, um daraus Pompons zu machen.
Aus Bastelfilz und Wolle können Kinder Gegenstände anfertigen, die auch einige Zeit halten: kleine Täschchen und Flötenköcher, ein Krims-Krams-Utensilo und ein leuchtend buntes Mobile fürs Kinderzimmer oder farbenfrohe Ketten und Schlüsselanhänger. Auch reizvolle Spielobjekte können sich die Kinder aus Filz und Wolle selber basteln: ein kuschelweiches Baby mit Steckbettchen, Wichtel oder kleine Gartenkinder, kleine Püppchen zum Liebhaben und Kuscheln. Aber auch etwas Freches zum Kitzeln und Necken begeistert die Kinder: Kleine Gruselspinnchen auf dem Finger, ein Stacheligel auf der Hand oder ein lustiger Jo-Jo-Clown sorgen für ausgelassene Stimmung.

Viel Spaß beim ersten Umgang mit Nadel und Faden und viel Freude an den wollig weichen Objekten!

Ihre

Material & Technik

Bastelfilz

Für die ersten Erfahrungen bei textilen Arbeiten ist Bastelfilz besonders gut geeignet. Dieses gepresste Fasergewebe franst nicht aus, deshalb kann auf das Versäubern der Stoffränder verzichtet werden. Bastelfilz ist in Bastel- oder Stofffachgeschäften erhältlich, in Plattenform oder als Meterware. Der Filz von der Rolle ist dicker, besser zu verarbeiten und zeigt schönere Ergebnisse als der dünne Plattenfilz, der weniger textilen Charakter hat. Modellierfilz ist ein neues Material aus kleinsten Faserteilen, das zu festen Platten gepresst ist.
Wenn sehr kleine Kinder Filz verarbeiten, wird der Filz nicht durch Nähen, sondern durch Kleben verbunden. Dazu Alleskleber oder speziellen Klebstoff für Stoff und Filz verwenden.

Schafwolle

Viele der genähten Objekte werden mit ungesponnener Schafwolle ausgestopft. Ungesponnene Wolle gibt es in verschiedenen Qualitäten und in vielen schönen Farben. Mit Pflanzenfarben eingefärbte Schafwolle ist im Handel unter dem Begriff „Märchenwolle" erhältlich. Sie eignet sich wunderbar, um Haare oder Bärte zu gestalten. Sie wird häufig in kleinen Sortimentspackungen mit verschiedenen Farben angeboten. Wer größere Mengen Wolle verarbeiten will, bezieht die Wolle über den Hersteller oder eine Vertriebsfirma. Stränge aus Märchenwolle lassen sich gut zu festen Pompons verarbeiten.

Faden, Nadel, Schere

Für die Näharbeiten in diesem Band wird Perlgarn verwendet, es ist leichter zu handhaben als dünner Nähfaden. Die Nadel darf nicht zu klein sein, damit die Kinder nicht ungeduldig werden. Stumpfe Nadeln zu wählen ist nur sinnvoll, wenn löcheriges Gewebe bestickt wird. Beim Arbeiten mit Filz brauchen Kinder eine Nadel, die den Stoff durchsticht, und auch eine Schere, die gut schneidet. Die Nähte werden am besten mit Vorstichen (einfache Auf- und Abstiche) ausgeführt. Am Beginn der Näharbeiten einen Knoten in den Faden binden.

Übertragen der Vorlagen

Transparent- oder Butterbrotpapier auf die Vorlage legen und die Konturen mit weichem Bleistift nachfahren. Das transparente Papier wenden, auf festen Karton legen und die Linien noch einmal nachfahren. Die Bleistiftspur drückt sich auf dem Karton ab. Die Form ausschneiden. Die entstandene Schablone auf den Filz legen und umfahren.

Pompons anfertigen

1 Für jeden Pompon zwei gleich große Ringe aus fester Pappe schneiden (Vorlage A2). Die Ringe aufeinander legen.

2 Von der Schafwolle Stränge von etwa 20 – 30 cm abreißen und in mehreren Lagen um die Ringe wickeln, bis sie nicht mehr sichtbar sind. Je dicker und fester gewickelt wird, umso dichter wird der Pompon.

3 Die Wolle am äußeren Rand auseinander schneiden, sodass sich eine Scherenschneide zwischen den beiden Lagen aus Pappe befindet.

4 Schnur oder sehr feste Wolle zwischen die Pappringe legen, Anfang und Ende fest zusammenziehen und verknoten. Die Pappringe durchschneiden und entfernen. Den etwas unregelmäßigen Pompon in Kugelform schneiden. Den Faden, mit dem die Pompons zusammengezogen sind, als Aufhänger benutzen. Schafwollreste, die beim Formschneiden anfallen, eignen sich sehr gut als Füllmaterial.

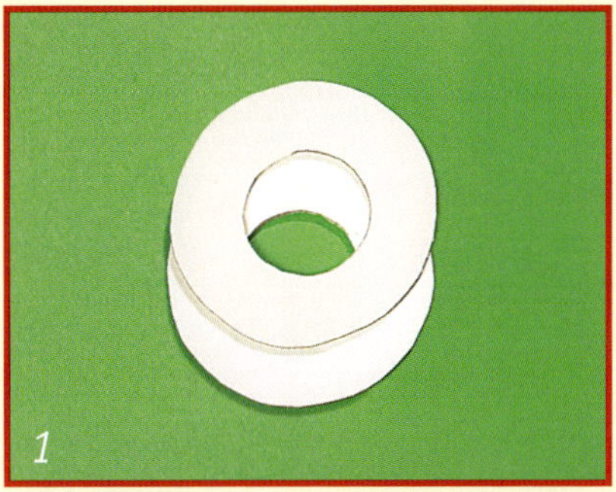
1

2

3

4

Jo-Jo-Clowns

Material

- Bastelfilz- und Wollreste in verschiedenen Farben
- Perlen
- Knöpfe
- Wackelaugen
- Schafwolle oder Füllwatte
- Blumendraht
- Stickgarn

1 Für den **Körper** der Clowns ein Viereck aufmalen und die Form doppelt aus Filz ausschneiden. Auf ein Viereck ein lustiges Gesicht nähen oder kleben: Für die **Augen** Perlen, Knöpfe oder Wackelaugen verwenden oder aus Filz oder Modellierfilz Kreise schneiden.

2 Für die **Nase** eignet sich auch eine Perle gut. Eine runde Knubbelnase entsteht aus einem Filzkreis. Hierfür ein Trinkglas umdrehen, auf den Filz legen und mit einem Bleistift umfahren. Am Kreisrand mit Vorstichen entlangnähen, Anfang und Ende des Fadens zusammenziehen, mit etwas Schafwolle ausstopfen und aufnähen.

3 Den **Mund** aus einem Stück Biegeplüsch gestalten, aus Filz ausschneiden oder aus einer kleinen Kette aufgereihter Perlen anfertigen. Wer mag, schmückt seinen Clown zusätzlich mit Herzen, Blümchen, Ohren oder Haaren.

4 Für die **Spiralaufhängung** Blumendraht um einen Besenstiel wickeln, abziehen und an beiden Enden eine dicke Perle befestigen. Beide Filzvierecke aufeinander legen und auf drei Seiten mit Vorstichen zusammennähen. Vor dem Zunähen der vierten Seite mit Schafwolle ausstopfen und ein Drahtende mit Perle zwischen den Lagen festnähen.

5 **Schuhe** können aus Filz ausgeschnitten oder aus aufgerolltem Filz oder Perlen gearbeitet werden. Die Schuhe an der unteren Abschlusskante festnähen.

Schneckenmobile

Material

- Modellierfilz in Gelb, Rot, Grün
- Schafwolle in verschiedenen Farben
- Biegeplüsch in Gelb, Rot, Grün
- 10 Holzperlen in Gelb, Rot, Grün, Schwarz, 1 cm Ø
- 2 Schaschlikstäbchen
- Stickgarn in Gelb, Rot, Grün
- Acrylfarbe oder Wasserfarbe in Rot

Vorlagen A1, A2

1 Vorlage A1 jeweils einmal auf grünen, gelben und roten Modellierfilz übertragen, ausschneiden. Mit einem Locher 6 Augen ausstanzen, aufkleben.

2 Biegeplüsch in verschiedenen Farben, dreimal 3,5 cm, zuschneiden. Mit der Lochzange eine Öffnung stanzen, Biegeplüsch durchziehen, als Fühler nach oben biegen und mit einem Tropfen Klebstoff am Schneckenkörper fixieren. Perlen auf den Biegeplüsch kleben.

3 Aus farbiger Schafwolle drei Pompons arbeiten (Anleitung Seite 5, Vorlage A2). Pompons auf die Schneckenkörper stecken und festkleben.

4 Wer mag, bemalt die Schaschlikspieße. An den Enden Perlen festkleben. Die Schnecken aufhängen, das Mobile ins Gleichgewicht bringen. Mit einem Tropfen Klebstoff die Aufhängefäden in dieser Stellung am Stab fixieren.

Maus & Igel

Material

- Bastelfilz in Rot, Grau
- Bastelfilzreste in Weiß, Schwarz
- Biegeplüsch in Schwarz
- Perlen in Schwarz, 2 mm Ø
- Perle in Rot, 4 mm Ø
- Wolle in Grau-Braun, meliert
- Schafwolle oder Füllwatte
- Zwirnfaden in Schwarz

Vorlagen B1, B2

Maus

Körperform, Ohren und Herz nach der Vorlage B1 ausschneiden und die Naht an der Unterseite schließen. Ohren am Einschnitt übereinander schieben, bis sich eine Tüte bildet. Ohren und zwei schwarze Perlen als Augen annähen.
Schwarzen Biegeplüsch, etwa 30 cm lang, bis ins Schnäuzchen schieben, festnähen. Zwirnfäden als Barthaare gleich mit annähen. Den Schwanz am Körperende mit wenigen Stichen noch einmal fixieren. Die beiden Herzen zusammennähen. Vor dem Zunähen etwas Schafwolle und den Biegeplüsch-Schwanz zwischen die Lagen geben. Das Köpfchen der Maus mit Schafwolle ausstopfen. Zum Spielen Zeige- und Mittelfinger als Füßchen durch die Schnitte an der Unterseite stecken.

Igel

Körperform, Schnäuzchen und Augen nach der Vorlage B2 ausschneiden und die Naht an der Unterseite schließen. Schnäuzchen und die Augen aufkleben. Perlen als Augen und Nasenspitze annähen.
Mit melierter Wolle Fransen als Stacheln anknoten: Wollfaden, etwa 10 cm lang, zur Hälfte legen, die entstandene Schlinge durch eine Nadel ziehen. Das Garnteil mit der Schlinge länger ziehen als die beiden Fadenenden, die zur anderen Seite des Nadelöhrs herabhängen. Die Nadel durch Filz ziehen, bis die Fadenenden durch den Filz durch sind, die Schlinge aber noch sichtbar ist. Die Nadel mit den Fadenenden wieder zur Stoffoberfläche bringen und durch die Schlinge ziehen, bis sich die Schlinge um die Fadenenden schließt. Die Fadenenden auf die gewünschte Länge schneiden.

Gartenwichtel

Material

Blütenkinder

- Bastelfilz in Gelb, Rot, Grün, Blau
- Geschenkband, kariert, 1 cm breit
- Holzkugeln, 3,5 cm Ø
- Perlen in Rot, Grün, 1,5 cm Ø
- Perlgarn in Grün
- Schafwollreste in Grün, Braun
- Lackstifte in Rot, Schwarz
- Biegeplüsch in Grün
- Filmdosen ohne Deckel

Kleine Zwerge

- Bastelfilz in Rot, Lila, Grün
- Schafwolle in Natur (ersatzweise Füllwatte)
- Schafwollreste in Grün oder Lila
- Biegeplüsch in Rot
- Holzkugeln, 3 cm Ø
- Holzperlen in Grün, Natur, 1 cm Ø
- Lackstifte in Rot, Schwarz
- Stickgarn in Rot oder Grün

Vorlagen C1 – C6

Blütenkinder

Gesichter auf die Kugeln malen. Die Filmdosen mit Filz, 5 x 10 cm, bekleben. Pro Arm 6 cm Band schneiden, je eine Perle als Hand anbringen, das Bandende in die Filmdose kleben. Die Blüten aus Filz (Vorlage C1) auf die Bäuche kleben, einen gestanzten Punkt in die Mitte setzen. Für den Blütenhut die in der Vorlage C2 schraffierten Blütenblätter aufeinander kleben. Biegeplüsch, 3 cm lang, oben einstecken und ein Filzdreieck als Blatt ankleben. Den Hut aus grünem Filz (Vorlage C3) schneiden. 1 cm vom Kreisrand entfernt entlangnähen, Anfang- und Endfaden leicht zusammenziehen und zur Schleife binden. Etwas Schafwolle als Haare aufkleben, Hüte festkleben. Die Filmdosen am Rand mit Klebstoff bestreichen, die Köpfe fixieren.

Kleine Zwerge

Gesichter auf die Kugeln malen. Biegeplüsch zuschneiden, 2x 8 cm für die Beine, 2x 7 cm für die Arme. Diese Abschnitte in die Kugeln kleben. Arme zur Seite biegen, Perlen als Hände fixieren. Schafwolle fest um die Beine wickeln, bis eine Rolle mit 5 cm Durchmesser erreicht ist. Bastelfilz, 5 x 12 cm, fest um den Schafwollkörper legen, hinten zunähen. Eine Runde aus Vorstichen um den Hals nähen, zusammenziehen und verknoten. Überstehende Schafwolle und Biegeplüsch unten mit einer großen Schere bündig zum „Kleid" abschneiden. Vorlagen C4 – C6 aus Filz arbeiten. Mützennaht schließen, die Mütze am Kopf ankleben. Schafwollhaare mit einkleben. Kragen um den Hals legen, mit einem Stich hinten fixieren. Bei der Schürze die Tasche anbringen, dann am oberen Rand entlangnähen. Zusammenziehen, Arme durch die Öffnungen stecken und die Schürze hinten zubinden.

Flötenköcher

Material

- Bastelfilz in Weiß, Grün, Hell- und Dunkelblau, Lila
- Fester Karton oder Kartonrolle
- Perle in Dunkelblau, 1,5 cm Ø
- Perlgarn in Blau, Lila
- Kordel in Lila, 0,5 cm Ø

Vorlagen D1, D2

1 Die Köcherform entweder aus fester Pappe, 17 x 35 cm, kleben oder fertige Papprolle verwenden. Die Form mit Filz, 17 x 40 cm, bekleben, den überstehenden Filz an beiden Seiten einschneiden und ins Röhreninnere kleben.

2 Den Durchmesser der Rolle abmessen und zwei entsprechend große Kreise aus Pappe zuschneiden. Beide Kreise oben und unten mit Filz bekleben. Die Filzlagen zusammennähen, damit die Pappe unsichtbar wird.

3 Einen Filzkreis am Röhrenboden festnähen, dabei ein Ende der Kordel mit einnähen. Am oberen Ende den Kreis nur an einer Stelle annähen, Kordel auch hier nicht vergessen.

4 Lasche (Vorlage D1) ausschneiden und den schraffierten Teil auf der Röhrenrückseite festkleben. Perle vorne am Köcher annähen. Die Noten (Vorlage D2) aus Filz ausschneiden und aufkleben.

singt sein Abendliedchen, so gut er
Quak, Quak, Quak!
27 b
YAMAHA
1. Auf de
2. An d

Tierische Täschchen

Material

- Bastelfilz in Weiß, Hell- und Dunkelrosa
- Perlen in Weiß, Rosa, 1,2 cm Ø
- Perlen in Schwarz, 1,5 cm Ø
- Mini-Perlen für die Augen
- Perlgarn in Weiß, Rosa
- Vlieseline oder Watte
- Schafwolle zum Ausstopfen

Vorlagen E1 – E3

1 Körper, Köpfe und Ohren (Vorlage E1 für beide Tiere, Vorlage E2 für das Schaf, Vorlage E3 für das Schweinchen) auf Filz übertragen, jeweils zweifach ausschneiden.

2 Die beiden Lagen für den Kopf jeweils zusammennähen, dabei die Ohren dazwischen legen und etwas umklappen. Den Kopf leicht ausstopfen. Perlaugen und Rüssel aufnähen, den Mund beim Schaf sticken, die Nasenlöcher des Schweinchens aufkleben.

3 Die beiden Lagen der Bäuche aufeinander legen und zusammennähen, dabei oben offen lassen. Die Köpfe annähen. Für die Füße Perlen aufreihen, beim Schwein jeweils eine rosa Perle, beim Schaf eine schwarze Perle und drei weiße Perlen pro Fuß. Die Füße am Tierkörper festnähen.

4 Etwa 70 cm Perlgarn am Täschchen annähen. In unregelmäßigem Abstand Perlen aufreihen. Durch jede Perle zweimal stechen, dann kann sie nicht mehr verrutschen.

Pompon-Vögel

Material

- Schafwolle in verschiedenen Farben
- Modellierfilz in Gelb, Rot
- Bastelfilzreste in Orange, Schwarz
- Fester Karton
- Bunte Federn
- Biegeplüsch in Schwarz
- Perlen in Gelb, Rot, 1,5 cm Ø
- Kleine Perle, 0,7 cm Ø
- Blumendraht

Vorlagen A2, F1 – F3

1 Vorlage A2 zweimal auf Pappe übertragen, ausschneiden. Für die Vogelbeine entweder ein Stück Biegeplüsch, 12 cm lang, oder Blumendraht, 40 cm lang, zur Hälfte legen und in die Ringe einhängen. Nach der Anleitung auf Seite 5 Pompons anfertigen.

2 Nach der Vorlage F1 und F2 Kopf und Schwanz aus Modellierfilz, Schnabel (Vorlage F3) zweifach aus Filz schneiden. Augen mit dem Locher aus schwarzem Filz stanzen, auf die Köpfe kleben. Kopf und Schwanz im Pompon festkleben, wahlweise eine Feder als Schwanz einstecken.

3 Die Drahtbeine um einen Bleistift zur Spirale wickeln. An den Enden von Biegeplüsch oder Blumendraht Perlen als Füße anbringen.

4 Für die Aufhängung 60 cm langen Blumendraht um einen dicken Filzstift zur Spirale wickeln. Am Ende eine kleine Perle befestigen. Diese Perle mit viel Klebstoff versehen und zwischen der Schafwolle am Vogelrücken einkleben.

TIPP

Wer mag, kann noch zusätzlich Flügelchen aus Filz oder Federflügel anbringen.

Fingerkrabbeltiere

Material

- Bastelfilz in Gelb, Rot, Orange, Lila, Grün, Schwarz
- Biegeplüsch in Grün, Schwarz
- Perlen in Gelb, Rot, Grün, 1,2 mm Ø
- Perlen in Gelb, 0,8 mm Ø
- Perlgarn in Gelb, Orange, Rot
- Schmales Bändchen in Orange
- Rest Schafwolle

Vorlagen G1 – G3

Für den **Schmetterling** nach der Vorlage G1 zwei Körperteile aus rotem, zwei Flügel aus gelbem und zwei aus Filz in Orange arbeiten. Auf den unteren, kurzen Körperteil die Flügel aufkleben, am Kopf 8 cm grünen Biegeplüsch zu Fühlern biegen und fixieren. Das obere Körperteil auflegen, die Lagen mit kleinen Vorstichen zusammennähen. Perlen auf die Fühler kleben, mit dem Locher Punkte aus Filz stanzen und aufkleben. Ein Geschenkband um den Hals zur Schleife binden.

Für die **Spinne** nach Vorlage G2 Körper und Kopf zuschneiden. Kopf zusammennähen und mit wenig Schafwolle füllen. Zwei gelbe Perlenaugen aufnähen. Beim Körper vier Stücke Biegeplüsch, je 11 cm, auf der unteren Lage fixieren. Die obere Lage mit ein paar gelben Stichen aus Perlgarn verzieren. Die Lagen zusammennähen, dabei am Hinterteil eine fingerdicke Öffnung freilassen. Kopf vorne auf den Körper nähen, grüne Perlen an den Beinen festkleben. Den Körper links und rechts mit wenig Schafwolle füllen, die Mitte bleibt frei für den Finger.

Für die **Schnecke** die Vorlage G3 aus Filz in Orange doppelt zuschneiden. Durch eine Lage mit spitzer Schere zwei feine Öffnungen bohren, 8 cm grünen Biegeplüsch durchziehen. Beide Lagen zusammennähen. Den Schneckenkopf mit ganz wenig Schafwolle ausfüllen. Für das Schneckenhaus aus Bastelfilz Rechtecke zuschneiden: Orange, 9 x 9 cm, Grün, 8 x 14 cm, Rot, 7 x 18 cm, Schwarz, 6 x 20 cm, Lila, 5 x 22 cm, und Grün, 3,5 x 20 cm. Die erste Angabe ist immer die Breite. Alle Streifen längs zur Hälfte falten, das bedeutet, dass sich die Breite halbiert. Das Schneckenhaus von innen nach außen arbeiten, beim Aufwickeln mit dem breitesten Streifen beginnen. Bei Farbwechsel und am Abschluss mit einem Tropfen Klebstoff fixieren. Das Schneckenhaus mit wenigen Stichen vorne und hinten auf den Schneckenkörper nähen. Zwei rote Perlen auf die Fühler kleben.

Babypüppchen

Material

- Bastelfilz in zarten Farben
- Holzkugeln, 3 cm Ø
- Holzperlen in Weiß, Natur, 1 cm Ø
- Schafwolle, ersatzweise Füllwatte
- Schafwolle, gefärbt, oder Wolle
- Stickgarn
- Perlgarn
- Schmales Geschenkband
- Lackstift in Rot, Schwarz

Vorlagen H1, H2

Babypüppchen

1 Mit Lackstiften Augen und Mund auf die Holzkugeln zeichnen, trocknen lassen. Oder Köpfchen aus Schafwolle formen.

2 Vorlage H1 auf Filz übertragen, ausschneiden und zur Hälfte falten. Mützennaht und vordere Naht mit kleinen Stichen schließen oder zukleben. Holzkugeln jeweils als Kopf in die Mütze kleben, Schafwoll- oder Wollhaare mit einkleben.

3 Körper mit etwas Schafwolle ausstopfen. Untere Naht schließen. Garn oder Bändchen um den Hals legen, leicht zusammenziehen, dann vorne mit einer Schleife schließen. Kleine Perlen als Hände festnähen.

Steckbettchen

1 Vorlage H2 auf Filz übertragen, ausschneiden. Zuerst das Kopfteil falten und fast zunähen. Mit ein wenig Schafwolle ausstopfen, dann die Naht schließen. Bettteil nach der Vorlage falten, Bettteil und Kissen mit wenigen Stichen rechts und links verbinden.

2 Kleines Herz ausschneiden, aufkleben und zusätzlich mit einer Schleife aus Stickgarn befestigen.

Schöner Schmuck

Material

- Bastelfilz in Pastellfarben, Weiß
- Bastelfilzrest in Rot
- Perlen in Weiß, 1 cm Ø
- 2 Perlen in Schwarz, 4 mm Ø
- Perlen in Pastellfarben, 2 mm Ø
- Kordeln in Hell- und Dunkellila
- Biegeplüsch in Weiß
- Velourspapier in Weiß
- Schafwolle
- Wolle oder Garn in Weiß

Vorlagen J1 – J3

Perlenkette

Nach der Vorlage J1 Dreiecke aus Bastelfilz schneiden. Dreiecke jeweils um eine dicke Stricknadel wickeln. Nach der ersten Drehung und am Ende mit Klebstoff fixieren. Im Wechsel mit weißen Perlen auf eine dünne Kordel fädeln.

Namenkette

1 Die Vorlage J2 pro Buchstabe einmal aus pastellfarbenem Bastelfilz zuschneiden, über einem Bleistift zur Hälfte legen und der Vorlage entsprechend zusammennähen. Vor dem Auffädeln die Filzform mit ein wenig Schafwolle ausstopfen.

2 Buchstaben vom Vorlagebogen aus Velourspapier schneiden und auf die genähten Formen kleben. Wer mag, näht zur Verzierung ein paar Miniperlen auf. Buchstaben im Wechsel mit weißen Perlen auf eine Kordel ziehen.

Schlüsselanhänger

1 Das Gespenst nach der Vorlage J3 doppelt aus weißem Filz schneiden. Auf eine Lage zwei schwarze Perlenaugen nähen und den Filzmund aufkleben. Biegeplüsch, 12 cm lang, mit einem Tropfen Klebstoff auf der unteren Lage fixieren.

2 Die Lagen zusammennähen, vor dem Schließen der Naht mit etwas Schafwolle ausstopfen. Zwei Perlen als Hände auf die Biegeplüschenden setzen, weißen Wollfaden am Kopf anbringen.

PiNA

Krims-Krams-Utensilo

Material

- Bastelfilz in Gelb, Grün, Dunkel- und Hellblau
- Modellierfilz in Blau
- Perlgarn in Gelb, Blau
- 7 Knöpfe, rund, in Gelb
- 2 Herzknöpfe in Grün
- Blütenknopf in Blau
- Schmale Bändchen in Gelb, Grün, Blau
- Dünne Kordel in Blau
- Papprolle
- Bambusstab

Vorlagen K1 – K4

Für den **Bilderrahmen** aus Modellierfilz ein Quadrat, 8,5 cm, aus hellblauem Filz einen Rahmen nach der Vorlage K1 schneiden. Den Rahmen auf drei Seiten mit kleinen Vorstichen auf dem Modellierfilz festnähen. An allen vier Ecken Knöpfe, am oberen Rand ein Bändchen als Aufhänger annähen. Foto von oben in den Rahmen schieben.

Für das **verschließbare Täschchen** Vorlage K2 aus gelbem und ein Quadrat aus hellblauem Filz, die Lasche aus dunkelblauem Filz schneiden. Die Lasche auf das hellblaue Quadrat, zwei Knöpfe in die runden Enden nähen. Das Quadrat mit kleinen Vorstichen auf dem gelben Unterteil fixieren. An den oberen Ecken ein Band anbringen.

Für das **Doppeltäschchen mit Blümchen** Vorlage K3 aus dunkelblauem Filz arbeiten, zwei Rechtecke aus grünem, zwei Blümchen aus gelbem Filz schneiden. Die Täschchen mit kleinen Vorstichen aufnähen, das Blümchen aufkleben. Aus einem schmalen, blauen Band eine Schleife binden und in die Blütenmitte nähen. Die drei dunkelblauen Laschen umklappen, drei Knöpfe annähen.

Für die **Rolle mit Herz** eine Papprolle mit Filz bekleben, dabei oben 1 cm, unten 8 cm überstehen lassen. Den Rand oben ins Innere der Rolle kleben, Überstehendes unten mit einer feinen Kordel zusammenbinden. Herz (Vorlage K4) aus gelbem Filz schneiden und aufkleben. In die Herzmitte einen Knopf nähen. Am oberen Rand zwei Löcher anbringen und eine feine Kordel als Aufhänger durchziehen. Alle Teile auf einen Bambusstab ziehen. Kordeln als Aufhängefäden anbringen.

Nikolaus & Wichtel

Material

- Bastelfilz in Rot, Braun
- Holzkugeln mit Loch, 4,5 cm, 6,5 cm Ø
- Perlen (Nasen) in Rot oder Braun, 1 oder 1,5 cm Ø
- Perlen (Hände) in Grün, 1,5 cm Ø
- Schafwolle in Natur, Grün, Braun
- Perlgarn in Rot, Grün, Braun
- Biegeplüschreste
- Lackstift in Schwarz
- Zum Füllen Sand, ersatzweise Reis oder Linsen

Vorlagen L1, L2

1 Für die Nase ein kleines Stück Biegeplüsch in eine Perle kleben. Auch das andere Ende mit Klebstoff versehen und in das Loch in der Holzkugel stecken, die der Kopf des Wichtels wird. Mit Lackstiften Augen auf die Holzkugeln malen, trocknen lassen.

2 Vorlage L1 (Nikolaus) und L2 (Wichtel) aus Filz ausschneiden. Zuerst die Mützennaht schließen. Dann mit Vorstichen am Rand entlangnähen, wie es auf der Vorlage eingezeichnet ist. Anfang- und Endfaden nicht vernähen, sondern nach dem Füllen zusammenziehen und zur Schleife binden.

3 Kopf in der Mütze festkleben, dabei etwas Schafwolle als Haare unter den Mützenrand schieben. Bart ankleben. Den Nikolaus und die Wichtel füllen. Dabei etwas schwereres Material unten einfüllen, etwa feine Kieselsteine oder Reis. Darauf Schafwolle geben. Der Nikolaus kann auch mit Süßigkeiten oder kleinen Geschenken gefüllt werden. Die Fäden zusammenziehen und zur Schleife binden.

4 Zur Verzierung Perlen an die Mützen nähen. Perlen als Hände am Bauch festnähen. Auch ein kleiner Zweig kann als Rute angenäht werden.

Sandmännchen

Material

- Bastelfilz in Weiß, Gelb, Blau, Lila
- Schafwollreste in Natur, Gelb, Blau
- Biegeplüsch
- Holzkugeln (Köpfe), 4,5 cm Ø
- Perlen in Weiß, 1,5 cm Ø
- Stickgarn in Gelb oder Blau
- Lackstifte in Rot, Schwarz

Vorlagen M1, M2

1 Mit Lackstiften Augen und Mund auf die Holzkugeln malen, trocknen lassen. Biegeplüsch, 10 cm lang, rund biegen und beide Enden in die Öffnung einer Holzkugel kleben.

2 Mütze zuschneiden (Vorlage M1), Mützennaht schließen und die Mütze am Kopf festkleben. Ein wenig Schafwolle als Haare unter den Mützenrand schieben, mit einkleben.

3 Zwei Quadrate, je 6,5 x 6,5 cm, und Mond, Sternchen und Wolke (Vorlage M2) aus Filz schneiden. Verzierungen aufkleben. Die Quadrate zusammennähen, dabei in der Mitte einer Seitenkante beginnen. Bevor die Naht ganz geschlossen wird, die Biegeplüsch-Schlaufe und etwas Schafwolle als Füllung zwischen die Lagen geben.

4 An allen vier Ecken des quadratischen Körpers weiße Perlen als Arme und Beine annähen.

Impressum

ISBN 3-419-56587-9

Lektorat:
Gisa Windhüfel, Freiburg

Styling und Fotos:
Christoph Schmotz, Freiburg

Covergestaltung und Layoutentwurf:
Network!, München

Coverrealisierung:
smp, Freiburg

Produktion:
art und weise, Merzhausen

Druck:
Freiburger Graphische Betriebe

Wir sind für Sie da, wenn Sie Fragen haben.
Und wir interessieren uns für Ihre eigenen Ideen und Anregungen.
Schreiben Sie uns, wir hören gern von Ihnen!
Ihr CHRISTOPHORUS-Team

Verlag Herder GmbH
Christophorus-Verlag
Hermann-Herder-Str. 4
79104 Freiburg
Tel.: 0761/2717-0
Fax: 0761/2717-352
e-mail:
info@christophorus-verlag.de
www.christophorus-verlag.de

Weitere Titel aus dieser Reihe

3-419-56455-4

3-419-56504-6

3-419-56505-4

3-419-56501-1

3-419-56323-X

3-419-56502-X